검정고무신

리토피아포에지 · 18
검정고무신

인쇄 2012. 5. 22 발행 2012. 5. 27
지은이 정남석 펴낸이 정기옥
펴낸곳 리토피아
출판등록 2006. 6. 15. 제2006-12호
주소 402-013 인천 남구 숭의3동 120-1
전화 032-883-5356 전송032-891-5356
홈페이지 www.litopia21.com 전자우편 litopia@hanmail.net

ISBN-978-89-6412-027-9 03810

값 7,000원

정남석 시집

검정고무신

리토피아
LITERATURE & UTOPIA

시인의 말

이삭을 털어낸 볏짚으로
이삭을 담기 위해
아버지는 가마니를 짰습니다.

이제야
그 시간의 단편들에
가슴을 댑니다.

2012년 봄
정남석

차례

제1부 깡통따개 없는 마을

제2부 손돌목

제3부 청도맥주

제4부 겨울판화

| 제1부 |

깡통따개 없는 마을

세발낙지

우리 어머니를 보셨나요.
하얗게 속을 태우는 달빛 아래
숨죽여 발소리를 들어요.
어머니는 가늘고 긴 다리를 주셨죠.
갯벌을 이리저리 더듬어 보았는데요.
어머니 품은 아니었어요.
아버지처럼 진득하게 있자 하니,
이 놈 저 놈 삽질에
다리 하나 잘릴 뻔했지요.
저물녘에 또 봇짐을 쌌지요.
발 닿는 곳마다 어머니 터전이라
세 발 네 발 우기고 다녔어요.
달랑게 몇이 거품을 물지 않겠어요.
물렁물렁한 세상도 끈끈한 규율이 있더군요.
우리 어머니를 보셨나요.

원적외선 히터

그가 작동을 멈추자 몇 번이나 긴장하고 스위치를 강약으로 돌린다. 시간은 석면 사이에 치명적인 증거를 남기고 싸늘한 묵비권을 행사한다. 가고 오기를 반복하는 뜨거운 인내 앞에 약속의 간격이 사라진다. 적당한 거리에서 그의 세상을 엿보며 가지 못한 마음의 코일을 더듬는다. 얼굴이 달아오르는 고마움을 더듬거리는 말로 표현하는 건 쑥스럽다. 차가운 불길 속으로 걸어 들어가며 끊어진 용광로에 다시 스위치를 넣는다. 노여움이 가득한 철심에 투명 밴드를 붙이며 까만 인연의 전류를 집어넣는다.

자물통

어쩌다 한 번씩
열어보는 창고
자물통이 열리지 않는다.

깊숙이 녹이 슬어
윤활제를 바르고서야
끼르르 몸을 연다.

이놈의 열쇠
오래 두면 안 되겠다.

깡통따개 없는 마을

그도 깡통,
나도 깡통,
우리는 강화의 영원한 깡통이었다.
깡통따개가 없는 마을*, 작가 구효서,
그가 요즘 문학판의
상이란 상을 다 휩쓸고 다닌다.
깡통따개가 없는 마을
확성기가 있었고,
형님들은 밤마다 북을 치며 순찰을 돌았다.
한바탕 벌어지는 굿판만 아니었으면
깡통처럼 잡음이 많은 마을은 아니었다.
도라지꽃 누님*의 무명틀 소리,
가슴 큰 용수 어머니 다듬이 소리,
한 잔 거나하게 굴러오는 저녁 달구지
개똥아 밥 먹어라, 외치는 굴뚝연기 정도였다.
그의 등단작 마디*

미제 간스매였는지 모른다.
나도 제조일 비슷한 깡통이라고
한바탕 우겼는데,
스스로 뚜껑을 연 그가 마침내
나의 뚜껑을 열었다.
그가 나의 깡통을 열었다.

*「깡통따개가 없는 마을」, 「도라지꽃 누님」, 「마디」는 구효서의 소설.

어떤 달

수술한 자리가 덧났다.
마취 없이 의사는 뱃살을 꿰매고 있다.

빳빳하게 풀 먹인 이불을 꿰매는 날
나는 꼼짝없이 붙들려 바늘귀에 실을 매고 있었다.
그날따라 아이들의 함성이 문풍지를 흔들어대어
나는 내 키보다 긴 실을 바늘귀에 꿰어놓고 줄행랑치다가
반걸음도 못가고 그 자리에 엎어지고 말았다
아랫배에 고스란히 박힌 바늘,

어머니의 호통에 밤새 달이 흔들렸다.

수술실 천장에 오늘
그 달이
다섯 개나 떴다.

검정고무신

초등학교 동창회 가는 길
외곽순환도로가 들뜬다.

도로는 이미 급물살이다.
오픈카 한 대가 휘익 끼어든다.

폭우로 불어난 흙탕물에
요리조리 떠내려가는 내 검정고무신.

저 고무신
어느 돌부리에 제발 걸려다오.

순간 가속페달을 밟는다.
오픈카는 어디론가 사라지고.

이 우라질 놈 나가 자빠져라.
어머니의 경적소리만 우렁차다.

폭우

우리는 한동안
말을 섞지 않았다.

나는 끝이 없는 싸움에
방문을 걸어 잠갔다.

한 삼일이면 끝날까 싶어
슬그머니 열어두기도 했지만,

그는 가슴에 도랑을 내고
도랑의 테두리를 남겨야 직성이 풀렸다.

내가 지우려 애쓰는 흔적을
그는 열심히 지키고 앉아 있는 것이다.

사는 것은 도랑이 보이다가 안 보이다가
흔적이 나타났다가 사라졌다가의 반복일 법도 하다.

오지

아버지 다녀가셨나요.
아버지는 발가락이 네 개입니다.
일제 강점기 노역장에서
엄지발가락 하나를 분질렀지요.
군불 지피는 건 아무 문제가 없어요.
혹시 말하지 말라 이르시던가요.
아들이 넷이거든요.
딸들을 외지로 시집보내고
아버지는 담배를 못 끊었어요.
사막인지 늪인지 모르는 곳으로
누이 같은 여자를 따라갈 때에도
신주단지 모시듯이 담뱃대는 챙겨가셨지요.
마치 다 아는 듯이 본 듯이
팔짱 끼고 하시는 말 수없이 들어요.
아버지를 꼭 찾아야 해요.
아버지 웃음 한 소절
만날 수 있을지 모르잖아요.

어머니의 달

어머니 제삿날이다.
쇠고기 한 덩이를 사들고
오랜만에 고향길을 달린다.

차창 밖으로
달이 뜸부기처럼 운다.
먼 길 발돋움으로 마중 나오신 어머니
아직도 무릎이 성치 않으신가,
미안한 마음이 신호등마다 걸린다.

김포를 지나 강화까지,
땅개미가 길을 가듯 뻔한 길을
몇 번이나 노란 선을 넘는다.
조금은 늦어도 아는 어머니신데,
마음은 아직도 꾸중이 두려운가보다.

아버지 제삿날

홍동백서 아버지 제사상
두 번째 줄에 수입포도 한 송이
턱하니 올라와 있다.

누가저땅거사왔시까삼춘.
아부진저렁거안잡수시이이다.
우리강화섬포도에댈것도아닐시다뭐.
저땅걸누가먹의이꺄.
어이서개구리눈깔같아쳐다보기도싫의다.
에프티에인지뭔지작년포도농사똥값됐시다.

온종일 포도나무와 씨름한 우리 형수
절은 안올리고
양놈 포도랑 눈싸움 중이다.

그의 하루를 꺾다

스스로 직장을 때려 친 그가
고삐에 매인 그의 하루를
나의 술잔 가득 따른다.

당장 어찌 되겠냐 싶어
평소 버릇대로 꺾어 마셨다.

그냥 마셔라 임마,
그런다고 오래 사냐.

그의 잔은 이미 혀가 꼬여
채우고 나면 또 비우는 넋두리.

두고 봐라 임마
내가 그냥 쓰러질 줄 아냐.

그의 발효되지 못한 꿈이
잔 가득 넘치고 있다.

나는 또 어느새
그가 주는 잔을 꺾고 있다.

됐어

빙 둘러
희끗희끗한 머리 셋이 앉는다.

속이 쓰리다 꺾던 술잔을 다시 부딪치면서,
야, 뭐 하냐. 원 샷.

비워야 하나 말아야 하나 고민하는 사이에
그가 목소리의 중심을 꺾는다
야야, 됐-어.

이십 년 전,
비틀거리는 골목을 막아서며
나 어떠냐 물은 적 있다.
그가 목소리 끝을 세웠다.
됐어.

아이 둘 손 잡고
백화점 몇 바퀴를 헛돈다.
그가 목소리 끝을 내린다.
됐어어.

나이 쉰의 비누냄새 풍기면서
이불 한 자락 끌어다 덮어주었다.
그가 목소리 가운데를 비운다.
됐~어어.

가루받이

하얀 배밭은 달빛 초례청이다.
밤이 으슥하도록 과수원 영감은
꽃잎을 더듬으며 가루받이를 한다.
단내 물씬 풍기는 김 씨 할머니는
봉지를 묶으며 떡두꺼비 같은 손자를 떠올린다.
그 집 宗婦의 꽃은
십 년이 넘게 그냥 쉬 떨어지고 말아
하는 수 없이 宗婦도 가루받이를 하였다.
손주를 받아 안은 영감은
과수원을 팔고 도시로 이사를 갔다.
영감이 살고 있는 아파트 앞,
M&B 산부인과 빌딩에는
가루받이를 기다리는 하얀 배꽃들이
밤마다 층층 줄서기를 하고 있다.

바지락 할머니

뱃길이 끊어진 재래시장 어귀,
간신히 굴피*엉덩이를 붙인 할머니가
달그락 달그락 조개를 까고 있다.

소쿠리 안에는
바다의 소음이 가득하다.

오늘 물 좋으니 사셔 젊은이.

조개의 눈물 같은 국물
할머니는 자꾸 퍼 담는다.

할머니 국물은 빼고요.

젊은이 암말 말아.
조개는 그저 국물맛이 최고여.

* 굴피 : 참나무의 두꺼운 껍질. 빈 돈주머니.

소래포구

오젓, 육젓, 추젓,
항아리 소북이 손님을 맞는다.

가슴도, 코도,
엉덩이도 큰 아낙.

맛이나 한 번 보고 가세요.

갓 들어와 물이 좋다고
길을 막아선다.

미아리 어디쯤,
청량리 어디쯤,
떠돌던 바람이었을까.

나무는 공평했다

발을 더 내딛을 수 없고
팔은 닿지 않았다.
나무 아래 아이들은
조금만 더, 라고 외쳤다.
가지는 제 몸을 휘어
내 욕망의 무게를 저울질했다.
결국 가지에 배를 붙이고
네 발로 기기 시작했다.
새알은 두 개뿐이었다.
나무는 뒷걸음치는 버르장머리를 가만 두지 않았다.
가지를 요리조리 피한 듯했으나
주머니 속 알은 다 으깨지고,
발이 땅에 닿았을 때
얼룩은 속옷까지 번져 있었다.

고삐

황소처럼 일하겠습니다.
또 선거철이다.

여물을 실컷 먹은 소의 배는 남산 만 했다.
아버지는 절대로 소는 굶기지 않으셨다.
허기를 고구마로 채우면서도 우리는
산으로 들로 좋은 풀을 찾아 먹였다.
소는 배가 불러올수록 맛있는 풀을 찾아 떠나는 것이었다.

그냥 밟고 지나치는 풀이 아까워
고삐를 당겨보았지만,
배부른 뒤에는 그 고집을 꺾을 수 없었다.

21세기 거미

그가 세 들어 사는 변두리 집은
원래 무허가였다.
신도시 바람은
삶의 언덕배기를 더욱 가파르게 만들었다.
온기의 터전마저 빼앗기고
멀리 갈수 없는 그는 좀비를 떠올렸다.
그가 걸어보려는 욕망의 끈
이십 층 높이에서 자꾸 미끄러졌다.
번번이 실패하는 유사비행
바람은 때 맞춰 불어주지 않아
실 젖이 모두 바닥났다.
하는 수 없이
콘크리트 벽 관절마다 빨대를 꽂았다.
절벽 끝으로 하늘이 노랬다.

살구

입맛 돋우는데 최고여 젊은이,

발그레 속살 익은 살구 한 봉지 사들었다.

어릴 적 울타리 밖으로 삐져나간 살구나무는
봄부터 담장 너머를 기웃거리게 했다.

벌레 먹은 것도 약이라는 말을 듣고
모조리 먹어치우던 그때,
나무 밑에는
떨어진 살구 한 개 남아나지 않았다.

사십 년이 지난 지금
생각만으로도 입 안 가득 침이 고인다.

새콤 달콤 익은 나의 추억을

한 입 베어 물던 아들,

이걸 먹으라고요.

도둑젖

형수를 훔쳤다.
나는 꿀이 필요했다.
형수의 젖에서는 아카시아향이 났다.
그 달콤한 샘은 마르지 않았다.
코를 처박은 나는 말벌이 되어갔다.
잉잉거리는 조카
번번이 내 더듬이에 걸려 넘어졌다.
그가 발톱을 세웠으나
나는 막무가내였다.
어머니의 젖에는 꿀샘이 없었다.
어머니 대신 형수가 학교에 오는 날
만국기도 하늘 가득 펄럭였다.
젖 싸움을 벌이던 조카도 어느새 사십 줄,
별명이
마른 수수깡인 그가,
만날 때마다
내 마음의 젖배에 빨대를 꽂는다.

| 제2부 |

손돌목

21세기 단말기

아내와 나
아주 가끔 통화를 한다.
아내의 구형 단말기
이삼 일이 멀다하고 충전해야 했다.
낡은 내 충전기
몇 번 시도 끝에 접속이 가능했다.
겨우
막대그라프 한 칸이 솟아올랐다.
하필이면 그때 아내 단말기에
메일이 한 통 날아들었다.
언니, 일 년 치 생활비 선불로 받았어요.
짱돌 영훈이 엄마였다.
어휴, 나는 언제
그 절반이라도 한 번 받아보고 죽을라나.
자막의 끝 음절은 홀라당 돌아눕는다.
간드랑간드랑 내 단말기
다시 방전이다.

초지진 소나무

몽골의 말발굽을 피하던 고종의 칼에
손돌 사공의 목이 억울하게 잘렸다고
염하강
손돌바람*은
울먹이길 수백 년.

병인양요 신미양요 을사년 왜놈까지
가슴을 열라하며 총 주먹 들이댈 때,
탯자리*
아니었으면
내 어찌 견뎠을까.

가슴의 언저리에 진물이 고였는데
그놈들 아직까지 연고를 들고 와서,
상처를
매만지는 척

곳간을 넘본다지.

* 손돌바람 : 고려천도 때 고종의 오해로 죽은 사공 손돌이 원혼이 떠돈다하여 붙여진 손돌목 주변에 부는 바람.
* 탯자리 : 생자리, 뿌리, 본바닥, 근원.

손돌목 · 1

—수렴청정

청색 깃발을 펄럭이며
원범이의 배는 서울로 향했다.

돛대도 없이 가는 배가
밀물과 썰물에 휩쓸렸다.

바다의 중심에서는
안동의 바람이 끊이지를 않고,
그 소용돌이 속으로
영조의 납빛 얼굴이 떠올랐다.

빈 바가지 하나만도 못하게
서른 두 해 떠돌다 간 그 배.

손돌목 · 2

그는 가만히 흐르고 싶었다.

폭이 좁은 곳을 지날 때
물은 불안을 느끼며
갈대숲 근처 갯바위를 찾았다.

주식으로 한목 챙겼다는 바람은
되풀이해서 그를
바다 한가운데로 떠밀었다.

누군들 황금돛을 올리는
바다가 그립지 않을까.

하지만 물이여,
손돌의 빈 바가지 따라가는 길이
세상에 제일 안전한 길일 줄이야.

손돌목 · 3

거래처로 향하는 길은
그 사람 눈 비비며 출근하는 길이다.
소용돌이를 미처 빠져나가지 못한 차들이
졸음을 깜빡이며 끼어든다.

그리움의 알피엠을 낮추고
기다림의 브레이크에 살짝 발을 올렸다.
그가 흘렸을 낯익은 향기가
차 안으로 들어와 안전벨트를 맨다.

오늘은 모든 신호가
빨간불로 꾸물거린다 해도
이 길로 되짚어 와야겠다.

밀리면 또 어느새 슬쩍 끼어드는 세상,
그러나 한 번

흐트러짐이 없는 그 사람 차선

추월을 허락한 그 사람 미소가 파란불이다.

손돌목 · 4

그는 뜨거운 철판 용접쟁이었다.
그러나 그의 계절은 늘 겨울이었다.

바람이 끊이질 않는 강
마지막 길도 얼어 있었다.

그의 오십 초겨울 배는
강의 중심에서 침몰하고 말았다.

건강해야 오래 산다고
몇 년 전부터 산을 오르고
담배를 끊고 술까지 끊었다.

벗겨진 이마를 들이대며
삶의 근육을 자랑하던 그
나도 모르는 빈 바가지 가는 길
이곳에 와 묻는다.

손돌목 · 5

추억의 닻을 올리자
가슴이 둥둥 떠올랐다.

기우뚱 기우뚱 배는
앞으로 나가기 시작했다.

그러나 나침반도 없이
건너야 하는 언어의 바다.

어제는 둥둥
은유의 돛을 올리고,
오늘은 동동
직유의 노를 젓는다.

돌고 도는 행간의 소용돌이여,
시의 항구는 어딜까.

그늘의 시간

따뜻한 시 한 편 쓸 수 있을까
양지쪽으로 고개를 내밀었다.
햇살이 잠시 습기를 더듬고 지나갔다.
돌 틈사이 풀이 무성해지고
풀벌레들이 찾아왔다.
베를렌느의 가을은
낙엽이 굴러와 쌓였다.
이리저리 몸을 비틀지만
손발이 얼어붙기 시작했다.
동면의 시간
나의 두려움은 사실
먹구름보다는 신춘 바람이다.

시간의 맛

시간은
쓴맛, 신맛, 짠맛, 떫은맛, 단맛.

이별의 쓴맛,
사랑의 단맛,
눈물의 짠맛,
그리움의 신맛,
외로움의 떫은맛,

오감의 창고
농도는 기억에서 시간을 빼면 된다.

단맛일수록
밀봉을 잘해야 한다.

별립산

꽁지가 빠져라 삼십육계 줄행랑을 쳤다.
불붙은 어머니의 부지깽이 욕설은
산중턱까지 다 태워야 직성이 풀릴 참이다.
이아궁이에처넣어도시원치않을놈
시꺼멓게 그을린 목소리 헉헉 따라 온다.
나도 헉헉거린다.
솔가지도 나처럼 가슴이 철렁 내려앉는다.
땔감으로 잘려나간 옹이가 내 발목을 잡고 넘어졌다.
정강이 아래 비친 피의 순수한 경고를
우선 떡갈나무 잎으로 틀어막았다.
늑대의 눈빛처럼 집요한 대남방송
금방 숨이 넘어갈 듯 짖어댄다.
남조선인민동지요러분안녕하십네까
경애하는아버지김일성수령님께서오늘도……
오늘도 아버지를 칡 구덩이에 처박았다.
억새풀이 새빨간 거짓말에 단단해졌다.

무명치마 훌쩍 치켜 올린
어머니 목소리 끈질기게 따라 온다.
한번용서해줄테니그만내려와라
그 말에 나는 평생을 속고만 산다.

개똥참외

북에선지 어디선지 왔다는
부뚜막쟁이 장씨.
반백의 머리 아래도 눈웃음은 깊어
참외 꽃 같은 시선들이
그의 단단한 등짝을 따라다녔다.
부뚜막은 그의 손끝에서
물오른 살결이 되었고,
불꽃 또한 방구들 구석구석
뜨거운 꿈을 지폈다.
그때마다 부뚜막에서 번들거렸던 소문들,
소문은 소문이 아닌지도 몰랐다.
그의 외딴집 텃밭
서너 가닥 벋은 참외 줄기에는,
갓 바른 부뚜막 빛 참외들이
알몸을 드러낸 채 누워 있었다.
개똥참외가 더 맛있다는 어른들의 말이 떠올라

그 중 한 놈을 겨냥하고 들어가다가
헛기침에 놀라 줄행랑친 그날,
나는 분명 참외 같은 궁둥이를 보았던 것인데.
그 이듬해 참외 익을 무렵
아랫마을 딸 부잣집 정선이네는
아들이 하나 달랑 태어났다.
모두들 장군감이라고 침이 말랐는데
나는 엉뚱하게도 자꾸
장씨네 개똥참외를 떠올리는 것이다.

그곳

그날 그의 기차는 오지 않았다.
그와 나누었던 편지만큼 이어진 철로
우리 인연의 플랫폼엔
바람만 끊임없이 오고갔다.

자정 가까이 나는
마지막 열차에 올랐다.
우연이었을까,
목적지가 같은 옆자리 그녀
차창에 눈을 붙박고 있었다.

어둠 속 그가 날 보고 있었다.
나는 시간의 보푸라기를 떼어내듯
느리게 그의 편지를 읽어 내려갔다.
기차는 자꾸 사막으로 방향을 틀었다.
우리는 사막 한가운데
서로 다른 길을 달리고 있었다.

외곽순환도로

계양에서 장수까지 거북이 구간
두 귀를 쫑긋 세우고 끼어들었다.

건들지 마쇼 진짜 초봉께.

그래 안 건들인다 짜샤,
보란 듯이 차선을 바꾸었다.

목을 길게 늘인 차들이
틈을 열어 주었다.

장수 나들목을 막 빠져나가는데
그 차가 앞에 가고 있는 것이었다.

토끼는 오늘도
지고 말았다.

정동진 가는 열차

매일 밤 나는
해 뜨는 정동진으로 간다.
정선을 거쳐 동으로
동으로 가는 아내의 무궁화열차
나는 평생 무임승객이다.
기차는 가끔
운행속도를 무시하고
나를 무시하고 달린다.
기적이 울리면
스위스 융푸라우를 넘고
파리의 유채꽃 평원을 달린다.
몹시 휘어지는 레일에서
종종 떨어지곤 한다.
기차는 정동진에 도착해야 멈춰 선다.
매일 밤 나는
해 뜨는 정동진으로 간다.

시끈가오리

펑퍼짐한 아내
그에게서는 전류가 흘러나온다.
어둠 속 내 방을 덥히고 밝히는
시끈가오리의 살품,
이마의 주름을 다리는
아내의 눈빛,
낮 동안 물에 젖어
집안을 헤엄치던 그가
따듯한 바닷물을 밀고 온다.
잔잔히 젖어드는 나는
그의 품에서
오늘을 재우고
내일을 깨운다.

* 시끈가오리 : 전기가오리라고도 함. 대서양에 주로 서식하는 길이 1.5m로 비교적 크고 강한 꼬리를 가졌으며 발전기관은 머리와 아가미 사이에 있다.

콩꼬투리

콩은 아무데나 엉덩이만 붙이면
주렁주렁 열매가 열린다.
정선 맹애골 마을
사십이 넘도록 장가를 못간 아들
칠순 노모와 콩밭을 매고 있다.

언제 까지나~
언제 까지나~
호미 끝 장단에
하루 온종일 되풀이되는
아들의 해운대 엘레지.

장가만 가봐라 이놈아,
안 까지나.
그 어머니 참다참다 버럭 소리를 질렀다.

하긴,

시월 상강 별

여우 눈빛 한 줌이면 될 텐데.

겨울 판화
—봉선이 연

담장에 등을 기댄 두 칸짜리 오두막이
고양이 낮 울음에도 쓰러질 듯하다.
황해도 해주에서 피난 내려와
딸인지 손녀인지 어린 봉선일 키웠다.
하늘 높은 줄 모르는
봉선이 방패연은 동네 최고였다.
날마다 봉선이는 보름달로 떠올랐다.
연줄이 한 번 진저리 칠 때마다
누군가는 한 번쯤 연줄이 끊어지기를 바랐다.
연의 꼬리가 살랑거릴 때마다
사내아이들은 몰래 연줄을 당겼다.
연은 결국 꼬리가 잘리고
감나무가지에 걸리고 말았다.
봉선이 몸에 누런 감물이 들었다.
노인은 새 꼬리를 달아 날려보려 했지만

연은 다시 날지 못했다.

봉제공장은 서둘러 소녀를 데려갔다.

마을에 봉선이 연은 다시 오르지 못했다.

들꽃

나는 오른손잡이다.
오른팔이 왼팔보다 조금 더 길다.

그 애는 왼손잡이다
왼쪽으로 약간 기울어 있다.

십리 넘는 하굣길
고개를 넘고 논밭을 가로질러
꽃들도 무리 지어 피어 있다.

황토길 버스가 한바탕 일으키는 흙먼지
나는 오른쪽으로 고개를 돌리고
그 애는 왼쪽으로 고개를 돌리다가
기어이 빰을 맞대고 말았다.

그 날의

싱그러운 들꽃 향기가
마르지도 않고
시도 때도 없이 불어제낀다.

나팔꽃

아버지 어머니는 사이가 좋았다.
칠순이 넘도록 밤마다 꽃몽우리를 말았다.

눈만 뜨면 종일 소를 모는 아버지
어머니 텃밭에는 사철 내내
잡초 한 뿌리 자라지 않았다.

담장 너머에는
땀을 식혀주는 바닷바람이 있었지만,
아버지 눈빛은 담을 넘지 않았다.

어머니가 방구들을 덥히는 사이
아버지도 열심히 물을 길었다.

아버지 힘은 순전히
어머니 가마솥 때문이었다.

종강

시의 뚜껑을 열었다.
귀신도 못 알아먹겠다는 소리를 들었다.
뚜껑을 다시 닫았다.
바람은 숙성의 시간을 강의했다.
병 속에 갇혀 몇 학기를 마쳤다.
시의 병 속은
여전히 텅 비었다.
귀신이 곡할 노릇이다.

성묘길

고속도로 정체가 심하여
우회도로로 접어들었다.
몇 걸음만에 추돌사고
빠져나오는 데 반나절이 걸렸다.

여태 어디서 뭐 하다 왔냐.
먼저 온 형님의
국화꽃다발이 하얗게 웃는다.

생전에는 입이 무거우셨던 아버지
반가운 인사도 동그랗게 피어 있다.

술 한 잔 올리는 사이에
어머니 봉분은
아름다운 노을이불 덮고 계셨다.

| 제3부 |

청도맥주

돌단풍

다툼은 한 발 한 발
다가서는 데에서 시작이 되던 걸요.
이미 오래 묵은 꼬투리는
서로 들추지 않는 게 예의 아닌가요.
돌의 단단함도 한바탕 비바람에 젖더니
겉이 물렁해지던 걸요.
그 틈으로 뿌리를 내렸지요.
파르르 시치미를 떼고
차가운 바람에도 물러나지 않았죠.
암,
그래야 되지 않나요.
단풍 한 번 들려면요.

감나무

제발 우악스럽게 꺾지 마오.
태생이 떫은 걸 어떡하오.
담장 밖에 뿌리내리고
이 눈치 저 눈치 안 보고 살았겠소.
이 새빨간 기다림을
제발 우악스럽게 꺾지 마오.

청도맥주

여행 첫날 술 사냥을 나섰다.
소문난 청도맥주로 가라앉지 않는
연변의 하이에나 밤거리.
그 밤을 고려촌이라는 술로 채우고
숙소로 돌아오는 길,
연변대 미술철학 교수가
가짜를 마셨다고 한바탕 후닥거렸다.
다음날 그 철학교수는 청도맥주로
한중문화예술소통을 위한 건배를 외쳤다.
잔마다 흘러넘치는 거품
그들도, 나도
괴짜 철학이 난무한 문학과 미술도
가짜의 거품을 뒤집어쓰고 있다.
밤의 거품은 쉽게 꺼지지 않았다.

연변 짝퉁

니 하오 마.
안녕하세요.
말은 통하지 않아도 몸으로는 통했다.
연변은 말이든 사람이든 다 시끄러웠다.
그때 구석에서 혼자 술을 마시던 남자가
넙죽 다가와 앉는다.
내래 탈북잡네다, 일곱 살 때 친구 셋이서
두만강 건너다 둘을 흙탕물에 휩쓸리고
여기 연변엔 저 혼자 왔습네다.
마흔은 훨씬 넘어 보이는 스물다섯 청년
돈도 몇 푼 얹어 주며 어깨를 토닥여주었다.
북쪽의 별들이 한껏 빛을 내고 있었다.
다음날 내 말을 들은 여행 동료들
그가 분명 가짜일 것이라고
순 짝퉁 같다고 했다.
다시 밤거리로 나와 별을 더듬었다.

하늘은 흐리멍덩하기만 하고
별은 코빼기도 내밀지 않았다.

찰옥수수

올해도 아버지는
토종 옥수수를 심으셨다.

바지랑대만큼 자라는
옆집 옥수수는 신품종이었다.

어머니는 말끝마다
잘생긴 옆집 아들을 들먹였고,
그래도 조선고추가 맵다고
헛기침을 놓는 아버지.

아버지의 옥수수
뱃속 채우기는 틀렸고,
어머니 등이나 긁게 생겼다.

목련, 바람을 만나다

베란다 끝으로
사월의 바람이 분다.
아파트 이층까지 올라온
은행나무들은 막
옹알이 주먹을
자랑하고 있는데,
목련은
하얀 꽃잎을 떨어뜨리고 만다.
꽃을 떠나보낸 후에
싹을 틔우는 가지.
일찍 져버린
꽃잎의 슬픔만큼
잎은 넓고 푸르게 돋을 것이다.

정전

변두리 마을은
걸핏하면 전기가 끊어지곤 한다.

오늘도 한바탕 비바람이 치고 갔다.
아내는 또
눈의 심지에 촛불을 켠다.

우리 아파트로 이사 가면 안 돼.

전자오락에 한창 열 올리던 아들은
그만 엄마 불꽃을 건드리고 만다.

너 지금 오락이나 할 나이냐.
니 애비한테 물어봐라.

어쩜,

그 애비에
그 자식이라더니.

결국 아내의 불똥은
내게로 튀었다.

시간의 경사

오후 세 시경 계양산을 오른다.
오르는 사람보다
내려오는 이가 많았다.
좁은 길목마다
어깨를 틀어 비켜준다.
미안함이 자주 돌부리에 채였다.
오를 때 걸림돌이었던 돌부리
내려올 때
내 몸의 가속도를 막아주었다.
올라갈 때보다
내려올 때
경사는 가팔랐다.

점촌상회 밖

기억자로 굽은 할머니의 허리를
버스 정류장 앞 점촌상회가 받아준다.

그 뒤에 놓인 연탄재
바람을 숭숭 끌어안고 있다.

검은 이마를 맞대고 구워낸 시간
얼마나 뜨거운 시간을 지나왔을까.

하지만
지나던 발길에 채여도
신음도 없이 부서질 생이여.

단 한 번
제 삶을 살아보지 못하고
우두커니 왔던 길 더듬고 있다.

해

너는
이름 없는 시인의 가슴앓이.

가파르고 굽은 삶의 능선을
끊임없이 퇴고하는 너.

누가 부르지 않아도 눈을 뜨고
너는 발이 없이 길을 간다.

다시 혹룡의 아침,

마음까지 얼어서 지친 사람에게
희망의 시 한 편 쓰는구나.

너를 만나기 위해 우린
날마다 눈을 뜬다.

올해도 한바탕 기뻐서
기뻐서 널뛰어 보자.

상응

—용머리 해안

두 눈을 부릅뜨면서도 파도는
용의 등을 떠밀지 못했다.
용머리는 불을 뿜지 않아도
파도의 심장에 불을 지폈다.

그렇게 수억 년을 다투며
서로의 비늘을 맞대고
수평선 한 이불을 덮었다.

바람의 무수한 입방아에
서로의 몸을 부둥켜 안으며,
이미 꿈속으로 만났던 너와 나는
오늘의 하늘에 머리를 맞댔다.

네가 내 몸을 덥히고

내가 네 등을 떠미는 동안,

인연은 또
마음 한 구석이 패이고
등 안쪽으로 시퍼렇게 멍이 드는 것이다.

떡갈나무

칡넝쿨이
나의 가지를 타고 누른다.

내 몸을 친친 감고
넓죽 햇살마저 독차지했다.

내 아픔은
나이테로 선명하게 그려졌다.

기둥으로 자라게
해달라는 주문도 소용 없었다.

오직 칡넝쿨과 뒤엉켜
숲의 한 전경으로만 남을까
밤낮으로 끙끙거렸다.

내 몸의 껍질도
이젠 고통을 모르고 굳어간다.

동막행

접촉사고를 내고 경찰서로 간다.

덜컹거리며 가는 동막행 전동차
무릎을 맞댄 두 연인이
종달새처럼 재잘거린다.
나와 접촉사고를 냈던 그들이 아닐까,
고양이 귀를 하여도 들리지 않는다.
밖으로 등을 돌린 여학생은
핸드폰으로 연신 문자를 날리는데,
우리 상황을 염탐하는 눈치다.
대각선으로 인어다리의 여자가
물비늘 같은 눈빛을 자꾸 보낸다.
그녀의 끈적끈적한 눈빛에
그간 고민했던 접촉사고 합의문
통째로 흔들리고 만다.

대책 없이 달리는 나의 열차.

다음 역은 작전, 작전역입니다.

팽이

나는 돌기 싫었다.

나의 중심은 늘 흔들렸고,
불안한 회전을 거듭할수록
세상은 마구 채찍을 휘둘렀다.

이십 년 전,
삼 년 내내 빵빵이 돌다 제대했는데
취직은 안 되고
한동안 술에 빠져 돌았다.
하루는 아버지의 팽이채를 잡고 버티다가
싸대기 한 대 얻어맞았다.
니가 도끼눈 뜨면 어쩔 건데
몇 대 더 두들겨 맞았다.
빌어먹을 놈
너는 정신이 있는 놈이냐,

없는 놈이냐.
어머니 대못은 통증도 없었다.

구석에 영영
처박히고 싶었다.

쑥맥

지난 한 해
무려 500여 종의 막걸리가 생산되고
시집은 천여 권이 넘게 출간됐다고 한다
평생을 막걸리로 살다 간 천상병 시인
팔리지 않는 시집으로 시의 맥은 이어지는데
그것이 다 막걸리 힘이라며 친구는
쑥 막걸리 〈쑥脈〉의 상표등록을 마쳤다
막걸리가 대세라고 시작한 시음의 시간
쑥 10% 함유라는 지문의 뚜껑을 열어
쑥의 문장을 더듬기 시작했다
어느 연에서 쑥 향기를 만날 수 있을까
마지막 행을 휘휘 저어보는 순간에도
잘 발효된 누룩의 숨결을 기대했다
향료 몇 방울 넣어놓고
쑥의 맥을 이어보려는 건 아닌지
함량을 높여야겠다는 나의 말에
생니를 드러내 보이는 강화 사자 발 약쑥.

나를 선물하다

강화인삼센터에서
육년근 인삼을 샀다.

몸 사이사이 푸른 이끼도 두르고
포장도 그럴 듯하게 했다.

지점장은 떨떠름한 표정을 지었다
생산지를 의심하는 눈치였다.

강화 섬 토종이라고
말하고 싶었다.

흑백사진

아버지의 눈꼬리는 사나웠다.

까까머리 중학생 때
맷돌장이가 동네 한가운데 멍석을 깔았다.
우린 연장통 위에 있는
황홀한 시간을 훔치기로 했다.
아리랑 담배 한 갑
길에서 주운 꽁초에 댈 것도 아니었는데,
어른 흉내를 냈던 내 종아리는
시퍼런 피멍이 들었다.
종아리의 상처를 닫고
멋진 손자도 안겨드렸는데,

여전히 내려오지 않는
아버지 눈꼬리.

배흘림기둥

부석사 무량수전
배흘림기둥에 등을 기댄다.

세상의 무게를 다 받치고도
나를 동그랗게 받아준다.

나의 등선을 따라
부석의 시공이 양각 된다.

나와 기둥
그리고 시간의 바람
풍경 소리의 밧줄에 꼼짝없이 묶였다.

바람의 등에도 어느새
단청무늬가 얼룩지고 있었다.

말벌

기생오라비 같은 친구 놈은
장가도 못 가고
형님 집에 빌붙어 산다.

주제에
꽃이란 꽃은
다 뒤지고 다닌다.

하루는 여왕벌을 꼬신다고
내 엉덩이에 들큰한 침을 놓고 갔다.

죽자 사자
꿀을 따다 나른
일벌의 밀랍 곳간은 늘 비어있다.

말벌은 올해도

굴참나무 가지에
둥글고 넓적한 꿍꿍이 집을 지었다.

詩

호접란 화분에
물을 준다.

잎의 마당 가득
물방울 꽃이 폈다.

분갈이 이후
잎은 더 무성해졌으나,
벌써 십 년
꽃대를 밀어 올리지 못했다.

날개를 접으며
물방울들이 묻는다.

뿌리야,
네 꽃은 어디 있느냐.

| 제4부 |

겨울판화

덧니

그는 후실의 아들로 태어났다.
틀어진 일들은 모두
그의 탓이라고 손가락질 했다.

생각해 보면 딱히
그의 잘못도 아니었다.

가족들을 그를 보면서
어긋난 시간을 함께 되새김질했다.

뽑아내지 못하는 것도
결국 사랑인 것이다.

악수

그가 뭉툭한 손을 내밀었다.
겉보기에는 별 것 없어 보여
선뜻 손이 내밀어지지 않았다.
자기를 믿으라는 눈빛이었다.
그 마음의 손금을 들여다보는 사이
그가 손을 다시 접었다.
시간은 오래 머물지 못하고
내 갈등의 모퉁이를 돌았다.
주변을 서성이는 어둠을 보았다.
그는 이제 보이지 않았다.
손을 얼른 잡을 걸 그랬다.

소금가마니

별 싱거운 녀석 다보겠네,
어머니는 소금을 퍼 날랐다.
나의 염도는 높아지지 않았다.
어머니 밥상은 날로 짜졌고
가마니는 바닥을 드러내고 말았다.
어머니는
간수가 다 빠져나간 걸 모르고 있었다.

겨울판화 · 2

우리의 겨울은
아버지의 기침소리로 왔다.
마른 짚단 태우 듯 기침소리는
밤새 방안에 버적거렸다.

웬만한 보릿고개는
달거리쯤으로 여기던 어머니는
잘 먹어야 낳는다고, 고기가 최고라고
아버지를 위해
콩의 내장에 청산가리를 밀어 넣었다.
꿩을 잡기 위한 어머니의 극약 처방이었다.

봄이 오고
꿩들은 보란 듯이
콩밭을 누비고 다녀도,
아버지의 겨울은
어두운 방안에 갇혀 더욱 깊어만 갔다.

참깨

아내가 참깨를 볶고 있다.
뒤적이는 아내의 주걱질에
참깨 터지는 소리 요란하다.

저 참깨
우리 어머니의 부지깽이 기억할까.

개나 소나 다 논밭으로 내몰리는 시골
공일, 반공일은 꼼짝없이 논밭으로 불려나갔다.
잔꾀만 부리면 휘둘러대던 어머니 부지깽이
엉덩이 종아리 등짝으로 내려칠 때마다
저기 후라이팬 참깨처럼 튀었었다.

어머니 가시고
자꾸 멀어지는 고향이
후라이팬 위에서 톡톡 손을 내민다.

엿치기

갈라진 손등을 비비며
키 작은 개똥이도 한 번
이겨보지 못한 영복이,

그가
엿 같은 세상의 신용에 구멍을 내고
쩔그럭쩔그럭 가위소리 울리며 나타났다.
숭숭 뚫렸을 그의 가슴
한동안 나는
그의 구멍을 메워주던 엿 고물이었다.
하지만 그는 로또 대박으로
다디단 물엿이 되었다.

구멍을 막아줄
엿 고물이 필요 없는
물엿이 된 것이다.

고드름

시집 갈 딸을 두고
잠 못 드는 초가집.

처마 끝 고드름도
한 지붕 한 식구라,

바람에
제 살을 깎으며
눈물방아 찧는다.

마니산

한반도 무녀리로 평좌치고 앉은 위용,

갯벌로 방벽 둘러 거친 외세 막았는가.

돌풍에
뱃길 트일까
발만 동동 굴렀겠지.

칠 선녀 손끝에서 다시 오른 개국성화

홍익인간 불길 일어 단군의 땅 뒤덮지만,

지구촌
하나가 되라
조심스레 이른다.

해바라기

툇돌에 놓여있는 아버지 검정구두
시집간 누님 댁은 가보지도 못하고,
신작로
먼지 길에서
다 닳고 말았다.

열무 밭 가장자리 파고드는 갈퀴덩굴
광목치마 어머닌 잘라내지 못하고,
저고리
옷고름만을
고쳐 매고 말았다.

귀머거리 삼년에다 벙어리 삼년을
밤낮으로 못질해온 시간의 낱알들,
바람에
흩어질 세라
풀어보지 못했다.

할미꽃

깊은 주름을 감추고

사월로 피어난 할미꽃,

굽은 등으로 업히는

내 유년의 나비를 보았을까.

머루즙으로 물드는

무명수건 속 보랏빛 눈물.

모터 수리점 1호

크고 작은 모터들이
길의 절반을 차지하고
지나가는 사람들을 빙빙 돌려보고 있다.
어떤 세상을 돌려왔을까,
혹시라도 회전축에 휘말릴세라
주춤주춤 비켜 가는 걸음들.
전류가 끊기고
피복이 벗겨진 세상에서
모터는 더 이상 시간을 돌릴 수 없다.
쉼 없이 돌아야 할 시간이
재생을 기다린다.
코일을 다시 감고 모터는
다시 시간을 돌릴 것이다.
시간도 재생을 할 수 있다.

함박눈

우린 어차피
서로 오래갈 수 없었다.
그는 늘 내 앞에서
무릎을 꿇고 약속을 반복했다.
손이 맞닿으면 시작되는 다툼
먼 하늘에 연 걸리듯 아득했다.
마음이 언다 싶으면
호들갑을 떨며 또 문자를 날려댔다.
기억의 창밖으로 보면
아름다운 추억인데,
한 폭의 그림으로 남을 인연이었을까
우리는 서로의 길거리로 떠돌았다.
주변의 바람이 거셀수록
사랑의 풍경은 엉망이었다.

사랑

소나무는
기울어질수록 아름다운데
너는 왜 기울어질수록 아프냐.

민주주의

거리를 걷다가
길 위에 누운
나뭇잎 하나를 주웠습니다.

어느 바람이 흔들고 갔는지
낙엽은 가슴을 도르르 말고 있었습니다.

어깨를 살짝 어루만져주었습니다.
벌겋게 겁먹은 낙엽
이 손 놓고 얘기 하세요.

양은주전자

홍탁삼합집 양은주전자에 막걸리가 담겨 나왔다.
흔들어야 제 맛이라니까 한바탕 흔들었다.
찌그러진 뚜껑 사이로 주르르 거품이 흘러넘친다.

고향 새텃말 술도가
월남치마 같은 항아리 서너 개 묻어놓고
온 동네방네 술독에 빠지게 했다.
아버지도 은근히 취하게
분내 묻어오던 주전자.
아버지 갈증을 달래는 건
막걸리가 전부는 아니었을까.
한 번 안기면 콧노래 절로 나오는 양은주전자
아버지 곁에서 떨어지지 않았다.
열세 살 민며느리로 시집와
꽃무늬 다 지워진 어머니
양은주전자 뚫어지기를 날마다 빌고 빌었다.

저수지

그 해 유월의 가뭄은 길었다.
작고 큰 파문들을 통증 없이
가라앉혔던 저수지,
그토록 교만이 흘러넘치던 그곳에도
절망의 시간은 다가오고 있었다.
물 속 깊숙이 궁전을 지으려던 잉어
금빛 몸뚱어리를 드러내야만 했다.
나의 갈증은 무작정
그녀의 방으로 들어갔다.
이미 아수라장인 그의 바닥
한 마리 짐승으로 돌변한 순간,
발버둥치고 요동치는 것은
모조리 틀어쥐고 있었다.
그녀의 지느러미 자꾸 손톱을 세웠다.
마지막 수맥을 발견했을 때
그녀의 눈은 차라리 죽고 싶어 했다.

2006 봄, 폭설

우수 경칩을 지나
강원도 현리로 봄맞이 산행을 갔다.
때 아닌 폭설로 낮부터 오두막집에 묵게 됐다.
흙내 나는 구들방은 졸음을 재촉했다.
만사 제쳐두고 한잠 때릴 참인데
삭정이 영감
군불을 지피기 시작했다.
방은 더 달궈지지 않고 연기만 풀풀 들어찼다.
연기에 적응 못하는 안사람 성화가 불 같았다.
창문을 열어 환기를 시키고 한 이불 덮었다.
이 깊은 골에선
연기 피우는 것도
안사람 눈치를 볼 일이다.

오십견

한쪽 팔이 벌려지지 않아 병원을 찾았다.
오십견이란 진단이 나왔다.
물리치료사는 통증의 방향으로만 팔을 꺾었다.
벌써 오십견이라니,
팔을 벌려보는 일을 얼마나 소홀이 했던가.
그동안 쓰지 않던 부분이 통증으로 저려왔다.
한 3주 부지런히 치료해야
어느 정도 돌아옵니다.
물리치료사의 손끝에 내 팔은
껍질이 벗겨진 나무토막이었다.
한참을 땀 흘리다 병원문을 나오자
가로수 팔을 벌려 그늘을 만들어 주었다.
나무는 잎을 주렁주렁 달고 팔힘을 자랑했다.
나는 한쪽 어깨를 닫고 고통을 얻었고
나무는 한쪽 어깨를 열고 그늘을 만들었다.

억새

외진 강둑엔
더 외로운 바람이 불지,
온 뼛속이 시린 억새.

억새도 바람을 닮아가지.
무명을 걸친 유배지 연산군처럼
흔들리다가,
노을이 지면 붉어지고
흔들리다가,
밤이 오면 유성처럼 울고.

바람은 여전히 칼끝처럼
고집을 꺾으려 달려들고,
흘릴 피 한 방울 없이
억새는
그저 바람 냄새로 굳어가지.

초승달

누님은 겨울에도
옷을 껴입지 않았죠.
한 달에 한 번은
엉덩이가 어찌나 크던지
실루엣 차림 그대로 잠이 들었죠.
들창문을 기웃거려야 간신히 보일까 말까했죠.
그 무렵
성질이 하도 날카로워서
근처에 얼씬도 못했어요.
그게 다 검은 욕망의 그림자 때문 아니겠어요.
둥근 세상도 깊이
칼날을 숨기고 있더만요.

|해설|

달과 시 ; '원형原形 이미지'로 엮은 '긍정肯定'의 시학

—정남석의 시세계』

백인덕 | 시인

"시는 사람들이 생각하는 것처럼 감정이 아니다. 시가 만약 감정이라면 젊은 나이에 넘쳐 흘러 버릴 정도로 시를 갖게 될 것이다. 진실로 시는 체험이다"

—릴케

1.

시인의 '존재론'이 작품에서 드러나는 시적 '존재 양태'와 분리 되어 각기 별개의 '개성'을 육화肉化할 수 있다고 이해하

기는 매우 어렵다. 수많은 시학 관련 서적에서 '물리적 시인'과 '시적 자아(화자)'를 구분하라고 가르치고, 거듭 강조하고는 있지만 말이다. 이 어려움은 물리적 시인, 즉 실존적 개인을 이해할 그 어떤 정보도 없지만, 한 권의 시집을 통해 그려보게 되는 시인의 '초상肖像'이 너무 생생하거나 어쩔 수 없이 친근하게 느껴지는 경우에 더욱 커진다. 정남석 시인의 첫 시집, 자서에서 필자는 오래도록 눈을 떼지 못했다. "이삭을 털어낸 볏짚으로/이삭을 담기 위해/아버지는 가마니를 짰습니다." '아버지'란 어떤 존재인가? 누군가는 '법, 도덕, 양심'과 같은 거대담론의 대리자를 운운할 것이다. 또 누군가는 '앙상레짐(구체제), 장애물, 방해'와 같은 정치적 담론으로 해석하려 들 것이다. 그러나 가장 작고 낮은, 그리하여 소박하면서도 절실한 의미에서 '정의'한다면, '아버지는 나다', 그 희생과 희망, 나아가 정서적 동일성까지 모두 포함하여, 우리는 모두 누군가의 '아들'일 수밖에 없다. 그런데 정남석 시인의 이 자서는 표면적으로는 쉽게 이해되지만, 생각을 거듭할수록 필자를 곤란하게 한다. '이삭을 털어낸 볏짚'과 '그 볏짚에 담겨야 할 이삭'이 '가만히' 놓아주지 않기 때문이다. '원인과 결과'의 자기 환원인가, 아니면 '허허실실'의 고차

원의 시학인가? 시인은 '아버지'가 짠 '가마니'인가, 털어낸 '이삭'인가? 정색하고 시집을 거듭 읽을수록 '수렁'은 '물엿'처럼 달콤하게, '조개국물'처럼 짜게 죄어든다.

시는 결코 '진실'을 말하지 않는다. 다만 시는 개별 작품을 통해 시인의 진실을 부분적으로 '유추', '해석', '이해'하게 만들 뿐이다. 이러한 작업을 통해 한 권의 시집을 읽는 우리는 작게는 한 생의 궤적을 읽을 수 있고, 넓게는 새로운 우주와 만나는 경이로움을 체험할 수 있다. 그러므로 이 글은 정남석 시인의 시세계로 향하는 한 개 손가락에 지나지 않을 것이다. 다만, '정서적 감응'을 공유하고 싶다는 바람으로 체제를 설정한다. 비유적으로 '달'과 '시'와 '나'라 명명해 보았다. '이해'는 한 방향을 깊이 천착하는 것으로도 가능하지만, 존재의 '구성'은 한 방향으로의 지향성만으로는 성립되지 않는다. 필자는 정남석 시인의 시학적 궁극窮極에 '희망으로서의 긍정'이 있다고 보았다.

2.

이번 시집은 표면적으로 '아버지'를 괄호에 묶어두고 '어머니'에게로 향한다. 그 표상적 이미지는 '달'이다. 일반적으로

'해와 달'은 아버지와 어머니를 그대로 유비한다. 우리의 '오누이 설화'와 같은 것을 떠올려도 무방하다. 서구 신화에서도 '달'은 '여성'의 상징으로 일차적으로 해석된다. 서구 신화의 경우, '달'의 상징성은 몇 개의 층위로 세분화 된다. 그것은 '달'을 지칭하는 용어가 혼란스러울 정도로 많다는 점을 통해 확인된다. 하지만 무엇보다도 "하얀 배 밭은 달빛 초례청이다."(「가루받이」)라고 정남석 시인이 보여주듯이, '생산성'과 관계된다. 일차적으로 '달'은 캄캄하게 어두운 밤에 홀로 빛을 발하며, 세상이 잠든(죽은) 땅에서 무엇인가를 되살려내는 역할을 하는 것이다. 지나친 비약일지 모르지만, 시인이 보여준 '원형 이미지'로서의 '달'이 앞의 차원에 머물고 말았다면, '개성적'이라는 수식을 붙일 수 없었을 것이다. 그러나 정남석 시인에게서 작품은 '달'은 보다 깊고 ,가까운 차원을 향해 나아간다.

어머니의 호통에 밤새 달이 흔들렸다.

수술실 천장에 오늘
그 달이
다섯 개나 떴다.

—「어떤 달」 부분

시인이란 과거를 호출하여, 오늘의 '거울'로 만드는 자라 할 수 있다. 따져보면 현대의 모든 영역이 '자기성찰'에 몰두한다고 외치지만, 시인이란 오직 '자신'을 온전하게 성립하기 위해서 그렇게 한다. 바로 이것이 시의 '무용성無用性'이다. 시인은 내면에서, 사유에서 스스로 '고립' 아닌 고립을 선택한 자이기 때문이다. 이때 세계로 열린 창은 '어머니'라는 '기억', '달'이라는 상징을 통해 표출된다. 만약, 그것이 상실된(자아의 의지가 개입할 수 없는) 현실이라면 시인이 '회고적' 어조(태도)를 갖는 것은 지극히 자연스럽다.

차창 밖으로
달이 뜸부기처럼 운다.
먼 길 발돋움으로 마중 나오신 어머니
아직도 무릎이 성치 않으신가,
미안한 마음이 신호등마다 걸린다.

—「어머니의 달」 부분

별다른 해석 없이 두 편의 작품을 보았다. 「어떤 달」과 「어머니의 달」이다. 이 두 작품은 '어머니'를 향한, 그러니까 일반적으로 말할 수 있다면 과거의 추억을 내용으로 한다.

그러나 시인은 시간적 숙명(결코 되돌아 올 수 없는 사실)을 말한다. '어머니의 호통', '마중 나오신 어머니'와 같은 표현들이 이러한 심회心懷를 구현한다. 여기서 우리는 '달'의 두 번째 상징적 의미와 맞닿게 된다. 그것은 항구적으로 불변하는 것이므로 우리를 반성, '자기 성찰自己省察'로 이끄는 역할을 하고 있다. '수술실 천장에 뜬 달'은 아파하는 자식에 대한 가없는 사랑과 염려를 하나의 이미지로 그려낸다. 동시에 성치 않은 무릎으로 '먼 길 발돋움으로 마중' 나오신 마음은 그칠 수 없는 그 사랑을 증거한다. 이런 시편에서 다시 생각해 볼 수 있는 점은, 이것이 '시인'의 '바람'이라는 것이다. 즉 '달'이라는 이미지를 통해 정석남 시인이 내면화 하게 된 '모정'의 새로운 특성이라는 점이다. 다시 말해, 현실에서 실제적으로 이런 일은 발생하지 않는다는 점이다. 그러므로 '달'은 최초의 '생산성'이라는 의미에서 더 깊어져 '자기성찰'이라는, 쉽게 말해 오늘의 '나'를 비춰주는 '거울'이라는 의미를 갖는다. '달'의 이미지가 형성된 작품들, 가령, "그게 다 검은 욕망의 그림자 때문 아니겠어요./둥근 세상도 깊이/칼날을 숨기고 있더만요"(「초승달」).라는 작품에서 확인하게 되는 것처럼, '바랬던 것'과 '이루어진 것' 사이의 괴리가 이들

작품 속에 놓여 있다. 그렇다면 '달'의 세 번 째 상징은 어디에 있는가? 시적 자아의 방황과 어머니의 새로운 정위, 개별적 추억의 사태를 넘어서는 그곳에 '어머니'가 있다. 그것은 가장 낮은 곳이며, 동시에 시인인 내가 자리하고 싶은 자리다.

우리 어머니를 보셨나요.
하얗게 속을 태우는 달빛 아래
숨죽여 발소리를 들어요.
어머니는 가늘고 긴 다리를 주셨죠.
갯벌을 이리저리 더듬어 보았는데요.
어머니 품은 아니었어요.
아버지처럼 진득하게 있자 하니,
이 놈 저 놈 삽질에
다리 하나 잘릴 뻔했지요.
저물녘에 또 봇짐을 쌌지요.
발 닿는 곳마다 어머니 터전이라
세 발 네 발 우기고 다녔어요.
달랑게 몇이 거품을 물지 않겠어요.
물렁물렁한 세상도 끈끈한 규율이 있더군요.
우리 어머니를 보셨나요

—「세발낙지」 전문

우리 어머니를 보셨나요, 시적 화자는 자신을 밀물의 갯벌에 숨고야 마는 여린 존재로 만들었지만, 끝내 이 작품은 시인 스스로를 한계에 가둔다. '현재'에 함몰한 모습을 보여준다. 그러나 이러한 것은 표면적 이해일 뿐이다, 여기서 비로소 시인은 어머니의 '달'의 참 가치를 '내면화'한다. '우리 어머니를 보셨나요', 이 표현은 절실하다. "하얗게 속을 태우는 달빛아래" 시인은 살아왔다. 간단히 정리하자면, 시인은 생산적 이미지(오늘의 나)로서의 '달'을 볼 수 있었고, 나아가 '지혜'를 주는 자애로운 '달'을 경험했고, 돌아와 삶의 가치로서 그 '달'을 바라볼 수 있게 되었다는 것이다.

3.

시인이란 존재는, 아니 일반적 존재도 '자아(경험적 자아, 상처받고 스스로 치유된 존재)'를 구성하는 요인들이 다양하다는 것을 인정할 것이다. 우리의 체험이란 아무리 진실 되기를 원해도, 몸 밖에 있거나, 몸과 관련하여 형성되기 때문이다.

니 하오 마.
안녕하세요.
말은 통하지 않아도 몸으로는 통했다.

연변은 말이든 사람이든 다 시끄러웠다.
그때 구석에서 혼자 술을 마시던 남자가
넙죽 다가와 앉는다.
내래 탈북잡네다, 일곱 살 때 친구 셋이서
두만강 건너다 둘을 흙탕물에 휩쓸리고
여기 연변엔 저 혼자 왔습네다.
마흔은 훨씬 넘어 보이는 스물다섯 청년
돈도 몇 푼 얹어 주며 어깨를 토닥여주었다.
북쪽의 별들이 한껏 빛을 내고 있었다.
다음날 내 말을 들은 여행 동료들
그가 분명 가짜일 것이라고
순 짝퉁 같다고 했다.
다시 밤거리로 나와 별을 더듬었다.

—「연변짝퉁」 전문

이런 시편들을 통해 시인은 하나의 큰 원을 보여준다. 아주 좁혀 말할 수 있다면, 이 작품은 지난날 시인이 통과해온 한 믿음에 대한 씁쓸한 자기 확인이라고 할 수 있다. "돈도 몇 푼 얹어 주며 어깨를 토닥여"주는 화자의 행위는 '진/위'라는 가치적 차원을 넘어서 슬그머니 시적 화자의 정서적 동일성을 드러낸다. 이번 시집에서 작지 않은 분량을 차지하는 '세계'가 이와 같다. 이마저도 분류할 수 있다면, 추억과 현재가 결합된 양상, 현재적 상황과 미래적 전망이 결합된 양상으로 나눌 수 있다.

그가
엿 같은 세상의 신용에 구멍을 내고
쩔그럭쩔그럭 가위소리 울리며 나타났다.
숭숭 뚫렸을 그의 가슴
한동안 나는
그의 구멍을 메워주던 엿 고물이었다.
하지만 그는 로또 대박으로
다디단 물엿이 되었다.

구멍을 막아줄
엿 고물이 필요 없는
물엿이 된 것이다.

—「엿치기」 부분

강화인삼센터에서
육년근 인삼을 샀다.

몸 사이사이 푸른 이끼도 두르고
포장도 그럴 듯하게 했다.

지점장은 떨떠름한 표정을 지었다
생산지를 의심하는 눈치였다.

—「나를 선물하다」 전문

이번 시집의 시인에게, 감히 죄송스런 이해가, 혹은 오해가 될지 모르지만, 시인은 역역하게 '물엿'과 의심 받는'강화 인삼'에 놓여 있는 것 같다. 그밖에 많은 작품들에서도 정남석 시인은 '자기 자신'을 그런 자리에 부러 놓고자 한다. 그러나 이 작품들을 세밀하게 읽을 수 있다면, 시인이 진정으로 '의도'하는 것은 시적 표면, 다시 말해 언어의 표층에 있지 않음을 알게 된다. 처음 시에서 '그'의 행위는 시적 화자에게 분노를 일으킬 법도 하지만, 화자는 그리 화를 내고 있는 것 같지 않다. 오히려 '물엿'인 그의 빈 구멍을 메워줄 수 없는 시인의 쓰린 심회가 진득하게 깔린다. 마찬가지로, '강화산 육년근'이 아니라, 그것을 긍지로 선물하는 마음에, 대응이 어떠하든, '시인의 진실'만은 오롯이 빛을 발하리라는 '오기'가 그 다음 작품에서 선연하게 읽힌다.

이런 현상적 표상은 두 개의 지표를 함축한다. 시인, 그러니까 정남석 시인의 고군분투는 여타의 시인들에게 이렇게 읽힐 수 있다. 하나는, '자기체험'에서 발하는 빛을, 그 누구도 흉내 낼 수 없는 스펙트럼을 이미 담보하고 있다는 것으로,

> 형수를 훔쳤다.
> 나는 꿀이 필요했다.
> 형수의 젖에서는 아카시아향이 났다.
> 그 달콤한 샘은 마르지 않았다.
> 코를 처박은 나는 말벌이 되어갔다.
> 잉잉거리는 조카
>
> —「도둑젖」 부분

이 '도둑젖'은 세대의 공감을 반드시 필요로 한다. 필자는 이해할 수 있는(경험적으로) 세대이므로 거부감 없이 시를 읽어나갈 수 있다. 시인이 보여주는 다양한 스펙트럼이란, 직접적 비교 없이 이 자연스런 양육과 "그냥 밟고 지나치는 풀이 아까워/고삐를 당겨보았지만,/배부른 뒤에는 그 고집을 꺾을 수 없었다."(「고삐」)는 정치, 사회적 포식을 대비시킨다. 시집 곳곳에 장치된 이러한 '뇌관'들은 이번 시집을 또

하나의 서정적 반향의 기록으로 개념 확정하기를 거부한다.

다른 하나는 시인이 보여주는 지극한 '긍정의 힘'이다. 긍정이란 상황의 유, 불리나 결과의 유익함/무익함을 생각하지 않는다. 그것은 오직 '과정'에 충실하며, 충실함으로써 '결과'의 진실함과 삿됨을 스스로 드러내게 하고자 할 뿐이다.

초등학교 동창회 가는 길
외곽순환도로가 들뜬다.

도로는 이미 급물살이다.
검정색 오픈카 한 대가 휘익 끼어든다.

폭우로 불어난 흙탕물에
요리조리 떠내려가는 내 검정고무신.

저 고무신
어느 돌부리에 제발 걸려다오.

순간 가속페달을 밟는다.
오픈카는 벌써 어디론가 사라지고.

이 우라질 놈 나가 자빠져라.
어머니의 경적이 우렁차다.

—「검정고무신」 전문

이 시의 화자는 지극히 진실한 마음으로 고향을 찾아가고 있다. 결국 '나'를 향한 여정인 것이다. 비록 '외곽순환도로'를 경유해야 하지만, 마음만은 밝고 들떠있다. 그러나 세상이란 '검정색 오픈카'처럼 제 속도를 자랑하며 끼어든다. 귀찮고, 또 죽이고 싶을 만도 하건만, 시인은 여기서 '유년'의 '검정고무신'을 떠올린다. 물론 이것은 "이 우라질 놈 나가 짜빠져라" 과거에 시인에게 내려졌던 그리운 질책의 말씀을 불러오기 위한 수사적 장치에 지나지 않는다. '고향'을 향하는 시인의 마음이 너무 들뜨지 말기를, 다시 말해 시인 스스로 흥분하며 자제하고 있는 것이다. 이 절제가 결국은 시인을 더 큰 '긍정'으로 이끈다고 보인다.

4.

조금 에둘러 정남석 시인의 소망, '시적 존재론'에 맥을 대었다. 천 명의 시인 있다면 천 개의 시적 경향이 있고, 만 명의 시인이 있다면 만 개의 시론이 있다고 필자는 배웠고,

영혼 깊숙이 각인해 두었다. 이제 다시 돌아가, 정남석 시인의 첫 시집에서 만나게 된 시인의 초상과 시적 현실과 시의 정의는 무엇인가? 다시 되물을 수밖에 없다.

이삭을 털어낸 볏짚으로
이삭을 담기 위해
아버지는 가마니를 짰습니다.

이제야
그 시간의 단편들에
가슴을 댑니다.

—「자서」 전문

시의 뚜껑을 열었다.
귀신도 못 알아먹겠다는 소리를 들었다.
뚜껑을 다시 닫았다.
바람은 숙성의 시간을 강의했다.
병 속에 갇혀 몇 학기를 마쳤다.
시의 병 속은
여전히 텅 비었다.
귀신이 곡할 노릇이다.

—「종강」 전문

아마도 '시'란 유령이고 정체 없고, 바람처럼 잡아두려 하면 사라지는 것일지도 모릅니다. 시인은 그것을 체험적으로 이미 알고 있기에 이미 시인이고, 시인이 아니라고 스스로, 홀로 믿고 있는지도 모릅니다.

> 스스로 뚜껑을 연 그가 마침내
> 나의 뚜껑을 열었다.
> 그가 나의 깡통을 열었다.
>
> —「깡통따개 없는 마을」 부분

정남석 시인은 누군가가 밀봉돼 있었던 시인의 '마개'를 열었다고 시적 진술을 늘어놓으시지만 사실은 달빛에 찔린 그 순간, 살구를 베어 문 아들이 '이걸 먹어'라고 되물은 그 순간, 참깨를 볶는 아내가 시끈가오리로 시인을 감전시킬지 모른다 염려하는 그 순간, 시인은 이미 시인, 한 권의 시집을 읽으며 많은 미소를 짓고, 또 그렇게 아름다운 날들 기대합니다.